Opções Binárias:
Passos por etapas Guia para ganhar dinheiro com negociação de índice de volatilidade

por

Richard Lee

NOTICIAS LEGAIS

DIREITO AUTORAL

Todos os direitos reservados. Nenhuma parte deste livro pode ser reproduzida em qualquer forma, eletrônica ou mecânica, incluindo fotocópia, gravação, ou por qualquer sistema de armazenamento ou recuperação de informação ou redistribuído sem a permissão expressa por escrito do autor. Este livro não pode ser vendido sob nenhuma circunstância; você tem apenas direitos pessoais para este livro.

AVISO LEGAL

Ao usar as informações contidas neste livro, você concorda que se trata de material de educação geral e não responsabilizará ninguém por perdas ou danos resultantes do conteúdo fornecido aqui pelo autor.

Por favor, note que o comércio binário e negociação em outros produtos alavancados envolve um nível significativo de risco e não é adequado para todos os investidores. Antes de empreender tais transações, você deve assegurar-se de compreender totalmente os riscos envolvidos e procurar aconselhamento independente, se necessário. Quaisquer opiniões ou outras informações contidas neste livro são fornecidas para fins educativos gerais e não constituem conselhos de investimento.

Copyright © 2018 Richard Lee

Todos os direitos reservados.

Índice

Índice 2

Introdução 4

CAPÍTULO UM 6

Introdução à negociação de opções binárias 6

CAPÍTULO DOIS 9

Como Trade Ascensão / Queda 9

    Estratégia gráfica do verme 9

    Regras desta estratégia 10

    Gerenciamento de dinheiro 13

CAPÍTULO TRÊS 15

Como comercio toque / sem toque 15

    Não toca na estratégia 22

    MERCADO DE URSOS 23

    Como negociar canais Keltner 24

    A estratégia da banda do meio 27

    Estratégia Up / Down (Rise / Fall) 28

    Média Móvel 50 Estratégia (A Linha Vermelha) 30

    MERCADO DE BULL 31

    Estratégia do Canal Keltner 31

    Estratégia Média Móvel 20 (The Black Line) 33

    Média Móvel 50 Estratégia (A Linha Vermelha) 34

    Uma palavra de cautela 35

    Gerenciamento de dinheiro 36

CAPÍTULO QUATRO 37

Como comercio correspondências de dígitos...37

    Como comercio a estratégia 38

    Procedimento...40

    O número secreto 41

    Regras da Estratégia..43

CAPÍTULO CINCO..45

Conclusão..45

Introdução

Obrigado por comprar este livro. Meu objetivo final de escrever outro livro na série Teach Yourself é ajudá-lo a ganhar dinheiro com opções binárias. Você não precisa pagar muito a alguém antes de aprender a negociar mais, especialmente Opções Binárias.

Eu estou compartilhando com você aqui minha riqueza de experiência e estratégias na negociação que espero que também seja útil para você.

Observe que, no momento de escrever este livro, alguns recursos da plataforma binária podem ter sido alterados, mas os princípios permanecem os mesmos.

Tudo o que você precisa fazer é seguir literalmente todos os princípios e estratégias descritos neste livro e você terá a garantia de ter uma alta taxa de ganhos, o que se traduz em um ROI (Retorno sobre o investimento) muito impressionante.

Tenha em mente que a negociação não é um esquema de ficar rico em breve. Você pode realmente negociar e ganhar a vida com isso se aderir a algumas regras e princípios que o orientam. Estou compartilhando com você aqui várias estratégias que ajudarão você a fazer isso.

É minha esperança que a leitura deste livro não se traduza apenas em equipá-lo com conhecimento, mas também ajudá-lo a ganhar dinheiro em seu negócio de comércio.

Espero que você não apenas leia, mas também aplique o conhecimento que aprendeu neste livro. É então que sua fortuna comercial virá.

Tenho grande confiança de que o que você aprender, se implementar, concederá acesso ao dinheiro das opções binárias.

Leitura feliz.

Richard Lee

CAPÍTULO UM

Introdução à negociação de opções binárias

Opções binárias também são chamadas de opções de tudo ou nada. Como um operador de opções binárias, você tem duas posições para decidir, ou seja, o valor de um ativo aumenta ou diminuirá durante um determinado período de tempo? Dependendo do resultado comercial, o pagamento é uma porcentagem predeterminada ou nada.

Por exemplo, se um trader antecipar que o valor de EURUSD irá apreciar em um determinado período de tempo, e está correto, então ele lucra com um valor fixo. Se o valor de EURUSD cair no entanto, o comerciante perde o valor total do investimento. Não importa se o ativo excede o preço original em 1 ponto ou 50 pontos, o pagamento é o mesmo.

Binário é mais simples de negociar comparar com Forex. Você não precisa conhecer muitos detalhes técnicos para negociar Opções Binárias ao contrário do Forex. Além disso, as Opções Binárias são de curto prazo, às vezes com apenas 60 segundos, permitindo repetidas trocas e sucessos. Além disso, permite que os investidores aproveitem as tendências de mercado tanto bull (para cima) quanto bear (para baixo).

Negociar em si é simples. Depois de abrir sua conta, acesse a plataforma de negociação. Selecione o ativo que deseja negociar, o prazo de vencimento, se o valor aumentará (opção de compra) ou para baixo (opção de venda) e, em seguida, insira o valor que deseja investir. Você está no controle de seu investimento em todas as etapas. No tempo de expiração, o pagamento definido será automaticamente adicionado à sua conta se você negociou com sucesso, ou o valor do investimento deduzido se não.

Enquanto a maioria dos corretores lá fora apenas fornecem opções de negociação de moeda ou commodities ou ações e índices, há outro lado das opções binárias que binary.com oferece aos seus clientes para ganhar dinheiro. Este é o índice de volatilidade.

A negociação do índice de volatilidade é um aspecto da negociação de Opções Binárias sendo negociada na plataforma Binary.com. É mais estável em comparação com a moeda e não está sujeito a notícias como a maioria dos pares. Os Índices de Volatilidade têm muitos instrumentos para negociar, como o Índice de Volatilidade 10, Índice de Volatilidade 25, Índice de Volatilidade 50, Índice de Volatilidade 75, Índice de Volatilidade 100 e o mercado de Ursos e Touro. Por favor, veja a imagem abaixo.

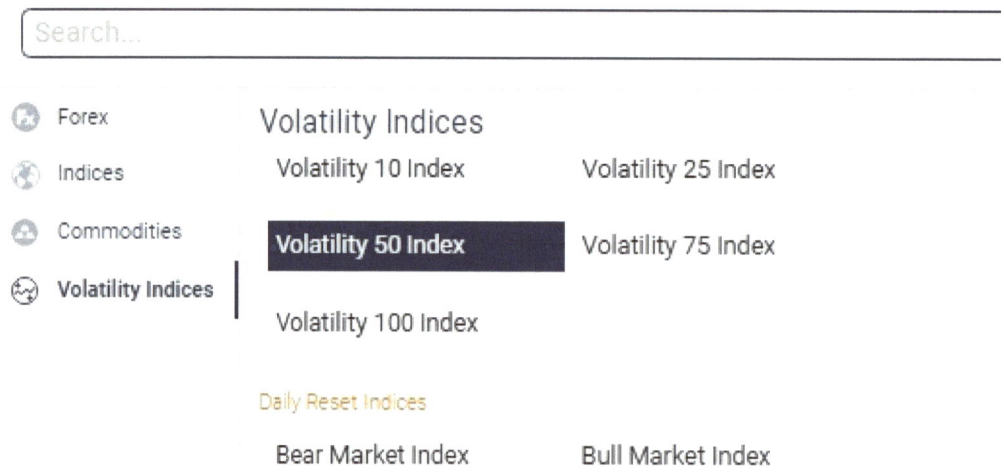

Existem várias opções para negociar em cada Índice de Volatilidade. Temos Up / Down (Ascensão / Queda, Superior / Inferior) Toque / Sem Toque, Entrada / Saída, Dígitos, Asiáticos e Lookbacks etc.

Veja a imagem abaixo

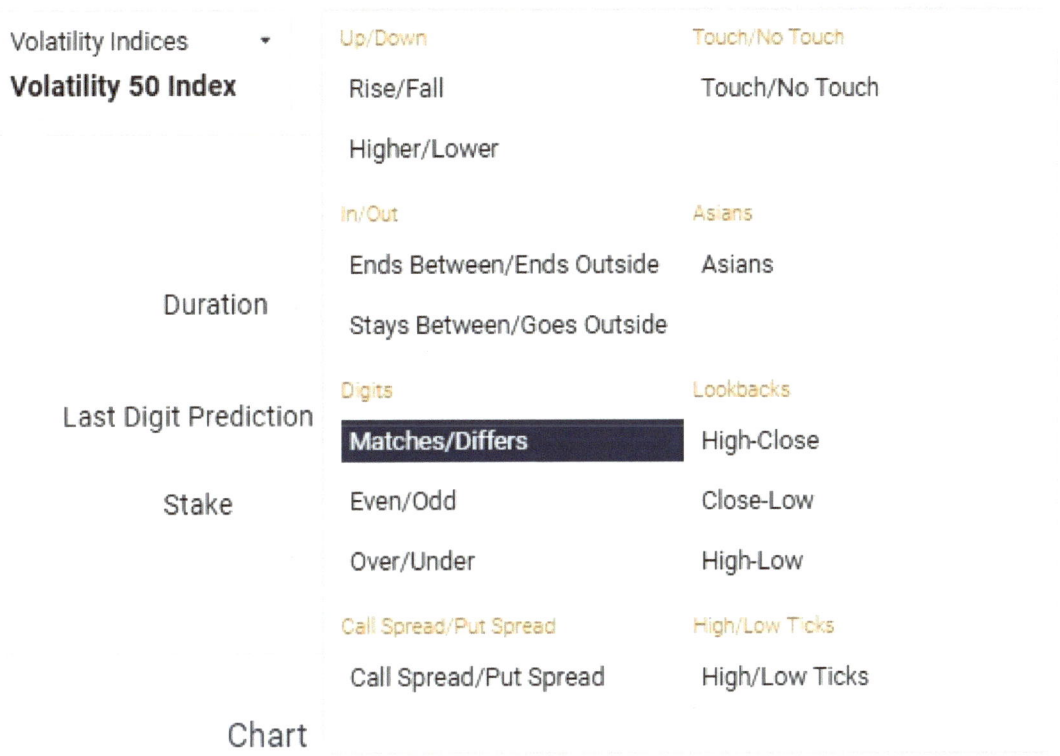

Talvez seja necessário abrir cada índice individualmente, pois talvez você não encontre as Correspondências de dígitos em alguns mercados como o Bear e o Bull. Tudo o mesmo, é apenas para dar uma idéia de várias opções de negociação em Índices de Volatilidade.

Neste livro, vou mostrar passo a passo como você pode trocar UP / Down (Rise / Fall), Correspondências Digitais e Touch / No Touch.

CAPÍTULO DOIS

Como Trade Ascensão / Queda

Estratégia gráfica do verme

Deixe-me explicar como negociar o índice de volatilidade com essa estratégia.

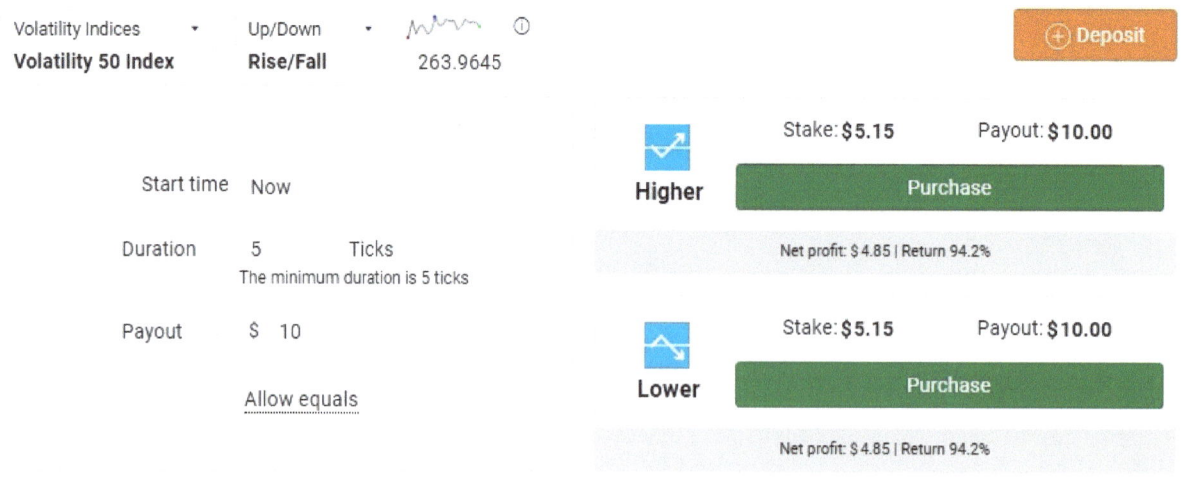

Esta é uma estratégia de carrapatos. Escolha Up / Down e Rise / Fall. Em duração, você escolhe 5 ticks, define suas apostas ou valor de investimento e pode comprar Superior ou Inferior.

Na foto acima, você pode ver a linha que eu apontei com a seta vermelha? Esse é o worm gráfico. Tem quatro partes. A parte redonda pequena vermelha, azul e verde. O extremo tem a cabeça redonda verde como um verme. A quarta parte é o preço de exibição de cor 264.0470 como visto acima. Veja a imagem abaixo

A seta vermelha aponta para a parte redonda. A seta azul aponta para a parte redonda e a seta verde aponta para a cabeça de minhoca.

Regras desta estratégia

Nosso foco é a cabeça do Worm e o preço de exibição de cor que deve ser AZUL ou VERMELHO. Quando a cabeça do worm muda para VERMELHO, conta o próximo preço de exibição de cor e cabeça sucessivas. Se a próxima cabeça sucessiva e preço de exibição colorido também for VERMELHO pelo menos 3 vezes sem qualquer outra cor intermediária, você deve estar pronto para assumir sua posição (neste caso, SUPERIOR). Então, quando isso ocorrer, a próxima cor que aparece é AZUL, clique imediatamente em Superior.

MAS se a cabeça do sem-fim é AZUL, conta o próximo preço de exibição de cor de número sucessivo, se AZUL consecutivamente sem qualquer outra cor intercalar entre. Então prepare-se para tomar sua posição que é mais baixa. Então, neste caso, imediatamente a próxima cor aparece VERMELHA, clique em LOWER.

Por favor note, o preço de exibição de cor ou cabeça de AZUL indica UP ou Superior, enquanto a cor VERMELHA indica Baixo ou Baixo

Vamos ver exemplo

Como você pode ver no instantâneo acima.

O primeiro preço de exibição a cores foi RED junto com um verme gráfico de cabeça VERMELHA. A próxima cor numérica imediata foi VERMELHO com verme de cabeça VERMELHO. Isto foi seguido imediatamente por outra cor numérica VERMELHA com outro verme com cabeça VERMELHA.

Uma vez que você vê três preço de exibição de cor sucessiva e cabeça da mesma cor sem outro número de cor ou cabeça no meio. Prepare-se para assumir sua posição.

Agora, você pode ver que o quarto número era AZUL com uma cabeça VERDE. Não importa. A seqüência de números foi atendida com os três números VERMELHOS anteriores e a cabeça em seqüência. Quando isso acontecer, clique em PURCHASE HIGHER.

E, por favor, note que imediatamente o preço de exibição de cor mudou para AZUL. Você clica em PURCHASE HIGHER simultaneamente.

Deixe-me mostrar outro exemplo.

Cabeças azuis vêm com preço de cor azul! Contagem 1

O segundo preço do movimento que surge depois disso ainda é AZUL! Contar 2

O terceiro preço do movimento que surge depois disso ainda é AZUL! Contar 3

Prepare-se para clicar em PURCHASE LOWER depois disso. Nós já temos três números em BLUE e vamos em sequência que não foram afetados por outra cor numérica.

E o preço de exibição de cor ainda é azul, ainda está bem. Sem problemas.

Depois disso, o preço de exibição de cor muda para VERMELHO e, em seguida, clica imediatamente em COMPRAR MAIS BAIXO.

Deixe-me mostrar outro exemplo

Cabeças VERMELHAS vêm com preço de cor VERMELHA! Contagem 1

O segundo preço do movimento que surge depois disso ainda é VERMELHO! Contar 2

O terceiro preço do movimento que surge depois disso ainda é RED! Contar 3

Prepare-se para clicar em PURCHASE HIGHER position depois disso. Nós já temos três números VERMELHOS e vamos em sequência que não foram afetados por outra cor numérica.

Depois disso, o preço de exibição de cor muda para AZUL e, em seguida, clique imediatamente em COMPRAR MAIOR.

Mas, por exemplo, se a cabeça VERMELHA aparecer, e eu começar a contar a partir da primeira cabeça VERMELHA, se o preço da cor e a cabeça não estiverem na SEQUÊNCIA (Desorganizada), a contagem será inválida. Vou desconsiderar isso e procurar outra sequência melhor.

Gerenciamento de dinheiro

Esta estratégia funciona e vai ajudá-lo a ganhar dinheiro com opções binárias de volatilidade facilmente do que em moeda. No entanto, não existe uma estratégia que seja 100% perfeita. Se uma estratégia ajuda você a ganhar 6 ou 7 de 10 trades. É uma boa estratégia.

O outro aspecto fundamental da negociação é o Money Management. Em caso de perdas, você deve estar pronto para usar a Estratégia de Martingale para recuperar suas perdas. Abaixo está um formato de uma amostra MATINGALE que você pode usar para recuperar seu capital.

US $0.5, US $2.5, US $6.25, US $15.63, US $39.07, US $97.66.

O que isto significa é que, se você apostar $0.5 e perder, na próxima troca de entrada $2.5, se resultar em perdas, na próxima troca novamente colocar $6.25 e assim por diante nessa ordem ... Ao fazer isso, você poderá recuperar suas perdas e ainda estar no lucro após cada negociação.

Por favor, note que a participação depende do seu capital. Você também pode desenvolver seu próprio estilo de gerenciamento de dinheiro, dependendo do seu capital.

CAPÍTULO TRÊS

Como comercio toque / sem toque

Para negociar o Touch / No Touch, você precisará do Trading View Platform para obter o gráfico.

Há duas maneiras de obter sua plataforma binária do Trading View.
(1.) Você pode ir direto para https://tradingview.binary.com/v1.3.11/main.html ou
(2.) Você vai para binary.com no seu navegador e siga os passos abaixo

Clique em plataformas como mostrado abaixo

Então relógio em mais ferramentas

Em seguida, clique em Try Trading View como mostrado abaixo

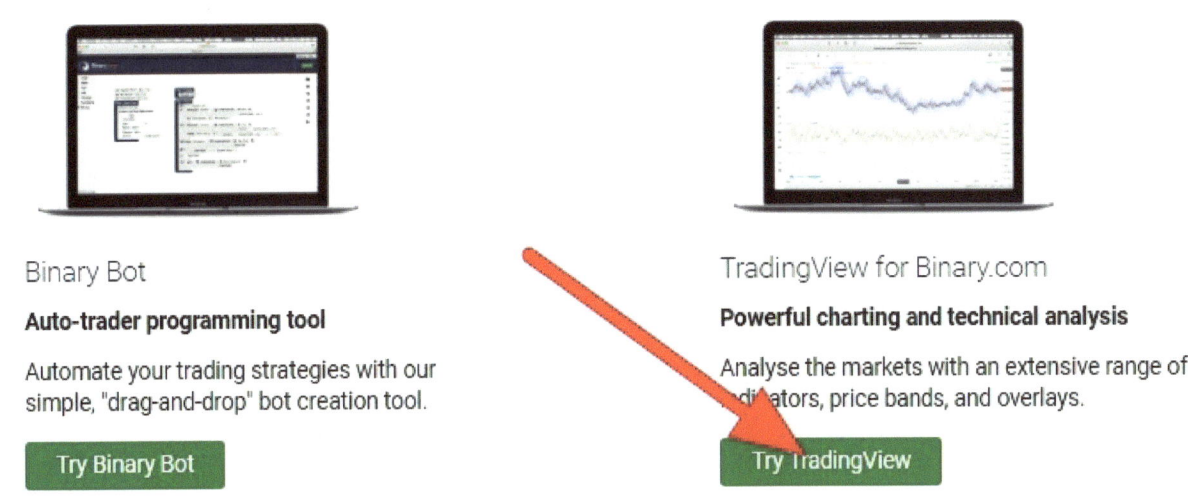

O gráfico vai carregar assim

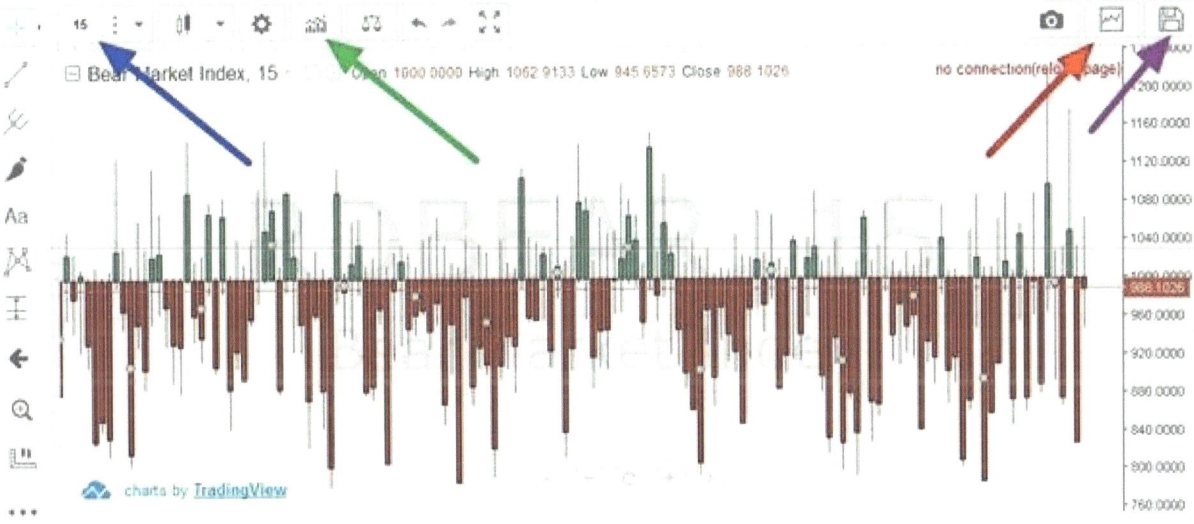

A seta vermelha indica onde obter o instrumento para o comércio. Quando você clica nele, ele traz uma página como esta mostrada abaixo e você pode escolher o Bear ou o Bull Market.

A seta verde é onde escolher os indicadores.

A seta azul é onde escolher o período de tempo que poderia ser de 15 minutos a horas. E o Purple Arrow é onde salvar as configurações para que você possa vê-lo quando voltar ao comércio.

Veja o exemplo abaixo

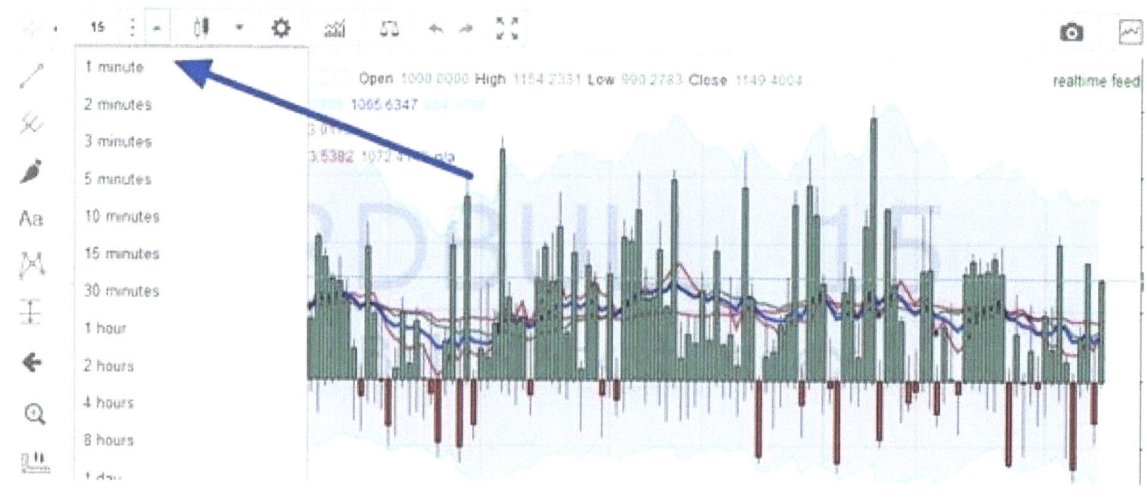

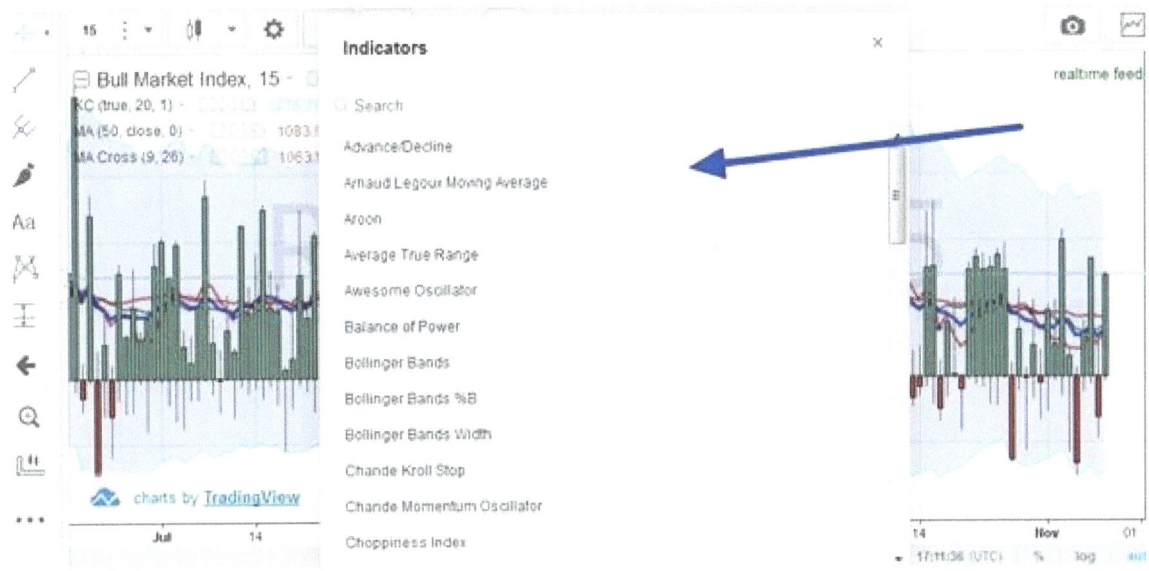

Quando o seu gráfico estiver carregado. Agora você configurará seus gráficos com dois indicadores para nossa estratégia.

A primeira é a Média Móvel e a segunda é o Canal Keltner.

Para configurações de média móvel

Escolha Média Móvel nos indicadores e preencha os detalhes conforme mostrado abaixo. Vamos usar a Média Móvel 20 e a Média Móvel 50.

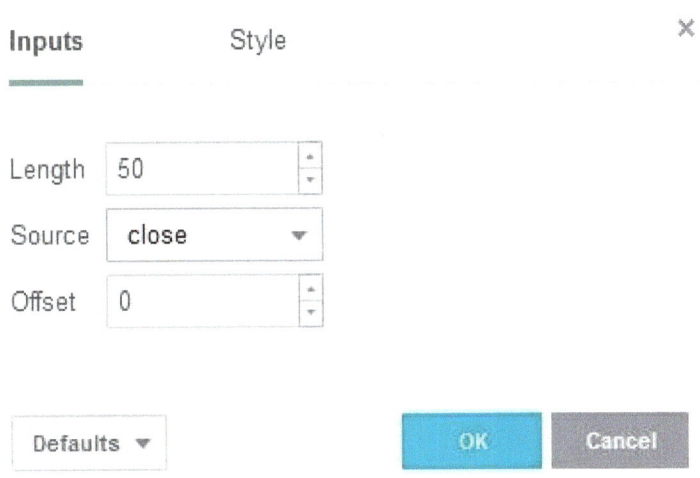

Estamos usando a cor vermelha para média móvel 50. Uma vez feito isso. Adicione Média Móvel 20 também. Você pode escolher qualquer cor de sua escolha. Clique OK. E será inserido no seu gráfico.

Para configurações do canal Keltner

Escolha Keltner na lista de indicadores e preencha os detalhes conforme mostrado abaixo. Estamos usando 20 sob o comprimento, conforme mostrado abaixo. Por favor tome nota.

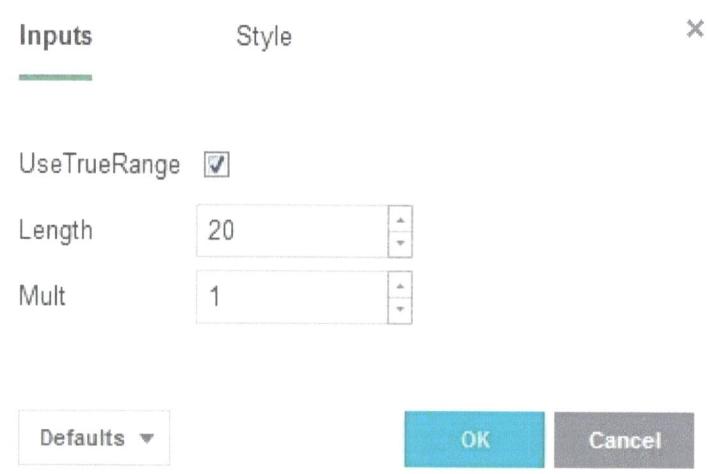

Você pode clicar em Style para mudar a cor das linhas. Kelter funciona como uma Bollinger Band, que tem três linhas. Cada uma dessas linhas pode receber cores diferentes dependendo da sua preferência.

Ver abaixo

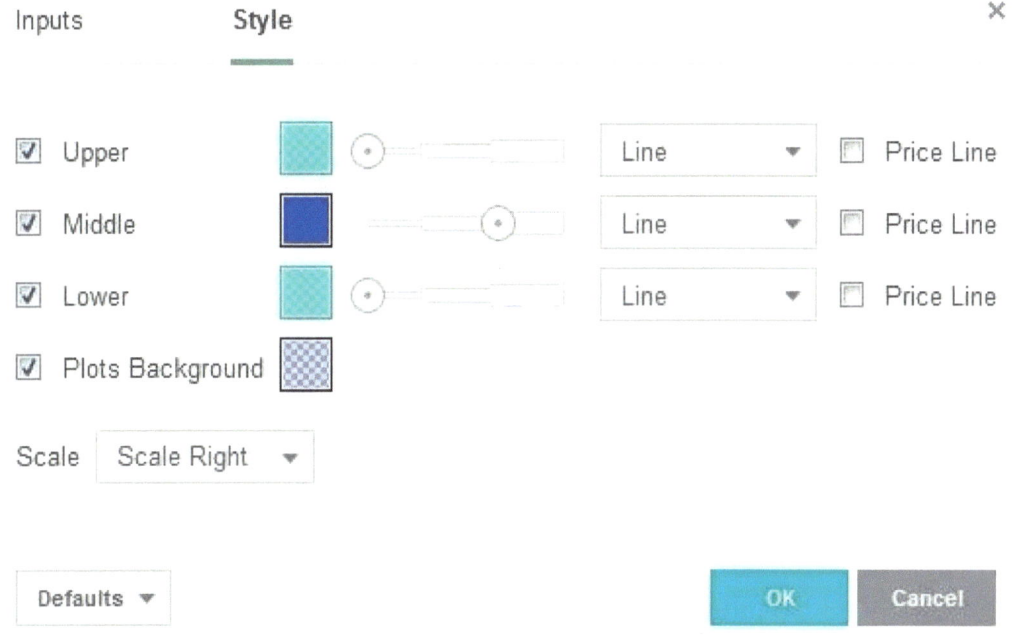

Em seguida, clique em SALVAR para salvar as configurações como modelo que você pode abrir mais tarde quando estiver online para negociar.

Agora mude seu período de tempo para 15 minutos ou 30 minutos ou 60 minutos. Isso vai mudar o seu gráfico padrão, onde você tem histograma para um gráfico como este abaixo

A plataforma de negociação

Vamos falar sobre a plataforma de negociação

Clique nos Índices de Volatilidade. Escolha Bear ou Bull Market.

Então mude de Rise / Fall para Touch / No Touch

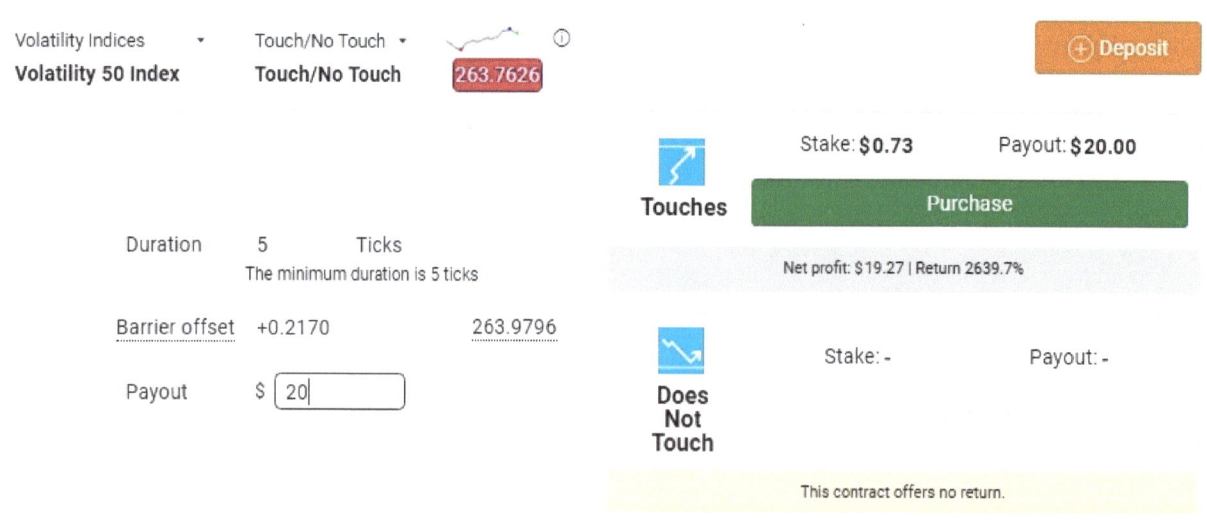

Duração: é o período de tempo que você espera que sua negociação seja válida ou que sua transação seja executada. Pode ser de 1min tempo mínimo para 15hrs

Barreira Offset: É como o seu Stop Loss no Forex. Este corretor sempre lhe dará uma barreira padrão. Na maioria dos casos, essa barreira é muito próxima da sua entrada. Tudo o que você precisa fazer é mudá-lo para sua própria barreira.

Quando você muda sua barreira, você também notará que sua aposta aumentará enquanto seu pagamento diminuirá ou vice-versa. A barreira padrão sempre dá a você um enorme pagamento com uma aposta muito baixa. Mas uma vez que você reduza a barreira, sua aposta aumentará e o pagamento diminuirá

Toques: Neste caso, você está prevendo que o mercado tocará em um nível de preço determinado durante um período de tempo.

Não toca: Nesta negociação, você está prevendo que o mercado não tocará sua barreira (nível de preço) durante um determinado período de tempo.

Vejamos como negociar não toca usando a estratégia de média móvel e canal de Keltner.

Não toca na estratégia

Nesta seção, mostrarei como negociar Não toca usando canais Keltner. No entanto, observe que você pode aplicar o princípio por trás dessa estratégia para negociar UP / DOWN (Rise / Fall) também. Não se restrinja a Não tocar. Você pode usá-lo para negociar o Rise / Fall também. A razão pela qual eu estou lhe ensinando não toca é porque se você acertar, você pode facilmente ganhar mais dinheiro com isso, pois oferece-lhe um maior retorno sobre o investimento, como 300% e acima comparar com Rise / Fall que oferece 30, 35% atimes ou até menos.

MERCADO DE URSOS

A natureza do Bear Market é abrir alto e negociar mais baixo. Isso significa que irá ou sempre abrir acima do preço de fechamento do dia anterior, subir para chegar a uma alta e cair pelo resto do dia. Essa natureza nos dá uma vantagem para conhecer a tendência desse mercado, que é sempre de baixa.

Como você pode ver no gráfico acima, o mercado abre bem acima do fechamento do dia anterior (a partir de 00GMT), negociado mais alto e caiu pelo resto do dia. Você pode verificar o gráfico para confirmar isso. Por favor, verifique a seta vermelha. É usado para mostrar onde o mercado se abre e como se eleva ao máximo do dia antes de cair.

Ao comercio o mercado de urso, estamos tomando nossos sinais de negociação com base apenas na baixa da vela.

Neste caso, estamos negociando em linha com a tendência de ser um mercado de urso. Como já sabemos no Forex, a tendência é sua amiga. Não negocie contra a tendência.

A estratégia dos canais Keltner

As configurações devem ser definidas como 20, 1, conforme mostrado acima na página anterior.

Existem duas maneiras de negociar essa estratégia. Pode ser de curta ou longa duração.

Para o comércio de curta duração

Neste caso, você usará 15mins ou 30mins de tempo (gráfico) para obter seu sinal. O tempo de expiração (que é a sua duração) pode ser definido como 30 minutos ou 60 minutos dependendo de você.

Para o comércio de longa duração

Você vai definir a sua duração como 4 horas, 5 horas etc.

Como negociar canais Keltner

Existem duas maneiras de negociar canais Keltner.

(1) Você pode trocar velas vindas de fora da borda superior dos Canais Keltner e fechar abaixo da linha superior ou sobre ela.

(2) Você também pode trocar a faixa intermediária dos canais Keltner

A estratégia da fronteira superior

Quando a vela de baixa vinda do lado de fora da borda superior dos Canais Keltner fechar dentro dos canais Keltner (fechar abaixo da linha superior ou sobre ela). Então esperamos que as velas ou as negociações tentem tocar a faixa intermediária dos canais Keltner.

Nesse caso, colocamos a opção NÃO TOQUE NO COMÉRCIO e definimos nossa barreira como +6 do valor padrão. Se o valor padrão for +2.453, iremos alterá-lo para +6.453. Outra maneira de obter a barreira é posicionar o cursor cerca de 1 ou 2 pontos acima da vela de sinal. A vela de sinal é a vela que cruza ou fecha abaixo da borda superior dos Canais Keltner. É a vela que está nos dando uma pista ou que sim, você pode colocar seu comércio agora.

Por favor, note que a barreira é como definir o seu stop loss no mercado cambial.

Por favor, verifique as setas no gráfico abaixo para as Trocas de Amostras

Bear Market Chart

Este gráfico tem apenas o indicador Keltner Channels

Outra amostra Trades abaixo

Este gráfico tem todos os 3 indicadores exibidos.

Você pode ver no gráfico acima que o mercado ou as velas estavam vindo de fora da borda superior (do superior) e vai para dentro dos canais Keltner.

Se você observar cuidadosamente os gráficos acima, você notará que meu tempo é de 1 hora. Eu usei isso apenas para fins de instrução. Use 15 ou 30 minutos gráfico para fins comerciais.

E eu quero adicionar isso, quando uma troca é acionada em seu gráfico de 30 minutos ou 15 minutos, você pode abrir seu gráfico de 5 minutos para escolher sua entrada. Isso ocorre porque, há momentos em que o mercado se retrairá para cima antes de se mover em sua direção - que é cair. E se a retração for longa, ela poderá atingir sua barreira antes de escolher a direção desejada. Por isso, às vezes é melhor esperar que o retrocesso termine no seu período de 5 minutos antes de colocar o seu comércio NÃO TOQUE. Neste caso, seu comércio estará seguro e reduzirá suas perdas.

A estratégia da banda do meio

Em um Mercado de Ursos, quando a vela pessimista se fecha na Linha do meio ou acima dela, o comércio (ou seja, as próximas e sucessivas velas) se moverão para baixo. Neste caso, nós colocamos um comércio NÃO TOQUE. E vamos definir nossa Barreira como +6 do valor padrão como explicado acima.

Vamos ver os exemplos de negociação

A linha da faixa do meio é indicada pela Linha Azul.

Estratégia Up / Down (Rise / Fall)

Como eu disse antes, estamos usando duas Médias Móveis 20 e 50. Neste livro, a Média Móvel 20 é indicada com a cor preta, enquanto a Média Móvel 50 é na Cor Vermelha.

Em um Mercado de Ursos, sempre que as velas fecharem abaixo da linha Moving Average 20, o mercado cairá pelo resto do dia até o fechamento do mercado. O que isso significa é que a tendência se tornou baixa, e esperamos que o mercado continue em queda, em linha com a natureza pessimista do Mercado de Urso. O mercado sempre respeita a Média Móvel 20 e, uma vez que cruza e fecha abaixo, a natureza do mercado é que a tendência será menor para o resto do dia.

Nesta estratégia, você não vai colocar o comércio NÃO TOQUE. Você vai trocar o comércio UP / DOWN (Rise / Fall).

Duração: Defina sua duração para mais de 5 a 6 horas, dependendo da hora em que você encontrar o sinal.

Vamos ver exemplos de transações para o Bear Market Chart

Média Móvel 50 Estratégia (A Linha Vermelha)

Em um Mercado de Ursos, sempre que as velas se aproximarem ou abaixo da linha Média Móvel 50, a próxima vela ou troca se moverá para baixo. O mesmo princípio que observamos em Moving Average 20 também se aplica aqui. Qualquer fechamento abaixo da Média Móvel indica mudança de tendência, e espera-se que o negócio esteja em linha com a tendência. O mercado sempre respeita a Média Móvel 50 também, e uma vez que a vela cruze e feche abaixo, o mercado tentará continuar sua queda. Uma vez que seu sinal de troca é acionador, coloque seu Up / Down (Rise / Fall) e defina a sua duração.

A seta azul é para indicar perda. Se você for para negociar isso, espero que seja uma perda, pois não se moveu na direção pretendida conforme o esperado. Mas em tudo, você ainda faz lucro. Do gráfico, temos 5 vitórias e 2 derrotas.

MERCADO DE BULL

A natureza do Bull Market é abrir baixo e negociar alto. Portanto, espera-se que, sempre que for aberto, o preço caia abaixo do preço de fechamento do dia anterior e seja negociado mais alto pelo resto do dia.

Desde que estamos negociando não toque, você irá definir sua barreira. Neste caso, uma vez que é um mercado de touro. Você irá inserir o sinal negativo (-) ou -6, -9, -15 etc no valor padrão que você vê na plataforma de negociação e definir sua duração. Por exemplo, se o valor padrão for 2,3456; você vai mudar para -6.3456. Isso significa que você está prevendo que o mercado não tocará sua barreira durante a duração definida.

Vejamos as transações de amostra para cada uma das estratégias, conforme discutido acima...

Estratégia do Canal Keltner

Já que estamos lidando com um Bull Market, estamos vendo a Bullish Candles saindo de fora do Keltner Channel, cruzando a borda inferior do Canal e fechando-a dentro dela.

Veja as setas abaixo

Você pode ver no gráfico acima que o comércio estava vindo de fora (vindo do baixo do dia) cruzar a borda inferior, seja perto da linha ou acima da linha e tendência mais alta. Uma vez que você vê um sinal como este, você coloca seu comércio NÃO TOQUE. Defina sua barreira como negativa do valor padrão e defina sua duração também.

Negociando a linha intermediária de canais Keltner em um mercado em alta

Sempre que as velas de alta se aproximarem da linha do meio representada pela linha Azul ou por cima, é sempre esperado que ela continue subindo ou subindo. Uma vez que este é visto, você coloca o seu comércio NÃO TOQUE.

Veja as setas abaixo para negociar Amostras

Bull Market Chart

Estratégia Média Móvel 20 (The Black Line)

Em um Bull Market, sempre que as velas se fecham acima da linha Moving Average 20, significa que a tendência mudou para a tendência Up, e agora você pode negociar alinhado com a tendência. Nesse caso, o mercado continuará a se recuperar pelo resto do dia. Sua natureza será a tendência mais alta até o fechamento do mercado.

Por favor Note: Neste caso, estamos negociando para cima ou para baixo (aumento / queda) para o resto do dia.

Sempre que a vela em alta cruza a linha Média Móvel 20 e fecha acima dela, isso é tudo para o dia. O mercado continuará a tendência mais alta até o fechamento do mercado. Depois de identificar isso, coloque o seu Up trade e defina sua duração para as horas restantes do dia.

Saia do seu comércio quando ele lhe der o dobro da sua aposta ou espere até o final do dia, se tiver certeza de que ele não será revertido.

Veja as amostras de negociação abaixo, conforme indicado pela seta

Por favor, note que para esta estratégia. Você deve usar 1hr timeframe ou gráfico para obter o seu sinal para negociação.

Média Móvel 50 Estratégia (A Linha Vermelha)

O mesmo princípio vale para o Bull Market. Em um mercado de touro, sempre que as velas fecham acima da linha de 50 em média móvel, o mercado continuará se recuperando. Assim que isso acontecer, coloque o seu Up / Down (Rise / Fall) e defina a sua duração.

Eu mostro a seta azul acima para indicar se você tinha colocado esse comércio, isso levaria a uma perda.

Uma palavra de cautela

Espero que você não coloque cegamente uma negociação. A primeira coisa que você deve fazer é marcar a área de Suporte e Resistência em seu gráfico. Espero que você saiba o que significa apoio e resistência? Eles são zonas nos gráficos onde o preço que está subindo pode encontrar resistência e parar sua direção ascendente e mudar para direção descendente (Resistência) ou zonas onde o preço que está caindo acertar o suporte e parar de cair e começar a comprar (Suporte).

Uma vez que você desenhou o seu Suporte e Resistência, eu imploro que você ignore qualquer sinal que lhe peça para colocar seu Up / Higher trade em torno da Resistance e seu down / lower trade em torno do Support. Essas são zonas de perigo que não farão com que o seu comércio lhe dê lucro.

Gerenciamento de dinheiro

Por favor, use a Estratégia de Martingale para recuperar as perdas. Esse é o plano de gerenciamento de dinheiro que estamos usando para recuperar nossas transações com perdas e ainda estar no lucro.

CAPÍTULO QUATRO

Como comercio correspondências de dígitos

Na partida Digits você deverá prever o último dígito do preço do Índice de Volatilidade após 5 a 10 ticks. Por exemplo, você ganhará dez vezes seu dinheiro se prever que o último dígito do quinto tique-taque seria 9 e assim é. Mas, se você prever 9 e o resultado for 8, perderá seu investimento. Isso parece ser o mais difícil, certo?

Não se preocupe, vou dar-lhe o procedimento passo a passo sobre como ganhar dinheiro com a correspondência Digit.

Eu mostrei o instantâneo abaixo.

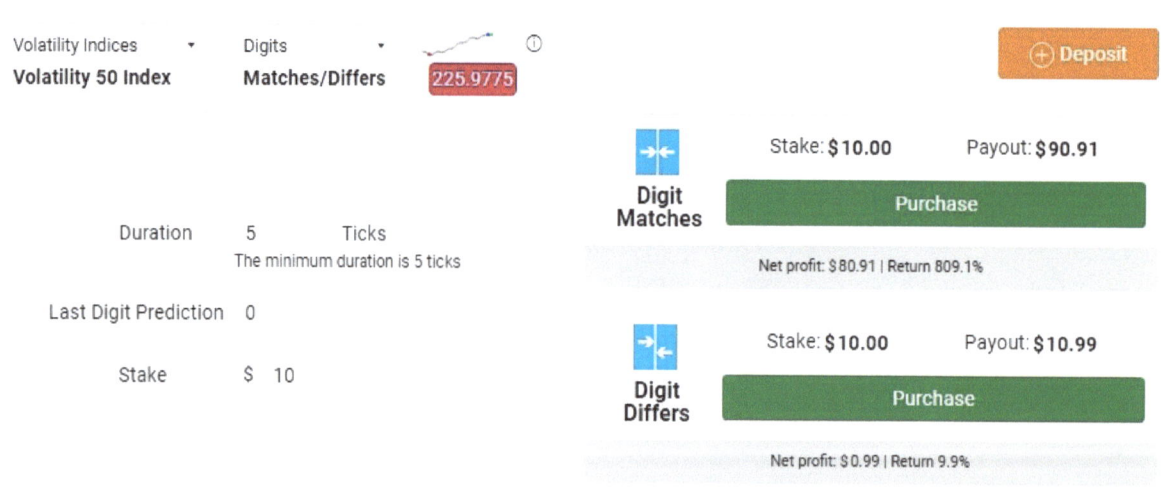

Depois de clicar no Índice de Volatilidade de sua escolha, seja 10, 25, 50, 75 ou 100. Mude UP / DOWN para Dígitos com Correspondências / Diferenças

Porque é muito fácil prever difere (prevendo que os últimos dígitos do 5º tick não serão um número escolhido), os retornos são muito pequenos.

Para aproveitar ao máximo essa estratégia, você precisará de pelo menos US $170 como capital para começar.

Como comercio a estratégia

Dê uma olhada na tabela abaixo. Você entende o que isso significa? Eu explicarei cada coluna para você.

Tentativas	Estaca	Custo	Fixo	Retornos
1	$1	$1	$10	$9
2	$1	$2	$10	$8
3	$1	$3	$10	$7
4	$1	$4	$10	$6
5	$1	$5	$10	$5
6	$1	$6	$10	$4
7	$1	$7	$10	$3
8	$1	$8	$10	$2
9	$1	$9	$10	$1
10	$2	$11	$20	$9
11	$2	$13	$20	$7
12	$2	$15	$20	$5
13	$2	$17	$20	$3
14	$3	$20	$30	$10

15	$3	$23	$30	$7
16	$3	$26	$30	$4
17	$4	$30	$40	$10
18	$4	$34	$40	$6
19	$4	$38	$40	$2
20	$5	$43	$50	$7
21	$5	$48	$50	$2
22	$7	$55	$70	$15
23	$7	$62	$70	$8
24	$7	$69	$70	$1
25	$9	$78	$90	$12
26	$9	$87	$90	$3
27	$12	$99	$120	$21
28	$12	$111	$120	$9
29	$13	$124	$130	$6
30	$15	$139	$150	$11

TENTATIVAS

Esta é a quantidade de tentativas que serão feitas em que nossos hits ou vitórias deverão ser feitos ao longo dos testes. Nosso capital de US $ 170 nos dá o luxo de nos desviar do julgamento de um para o julgamento de trinta; ao longo do qual somos esperados para fazer um sucesso. A beleza aqui é que não importa onde façamos nosso sucesso, sempre teremos lucro.

ESTACA

A aposta significa simplesmente a quantidade de dinheiro que estamos dispostos a investir ou a negociar. Eu acho que você vai entender melhor apenas olhando através da mesa.

CUSTO

Este é o valor acumulado de nossas participações. No momento em que você fizer o primeiro teste, você pagará US $1. Mas no momento em que você fizer seu 11º teste, $15 seriam deduzidos da sua conta.

FIXO

O fixo aqui significa a quantia que receberemos quando fizermos um golpe. Lembre-se que somos pagos dez vezes de nossa participação. Então, o nosso FIXED, a qualquer momento, será o décimo da estaca naquele ponto em particular

RETORNOS

Este é o nosso lucro. É calculado subtraindo o CUSTO do FIXO. Isso significa que se fizermos sucesso no 12º julgamento; nosso custo é de $18. Porque nós apostamos $3 no 12º teste, o nosso fixo; que é 10 vezes nossa aposta será igual a $30. Portanto, nosso retorno neste ponto, sendo FIXO menos COST é igual a $30 menos $18, o que dá $12. Isso significa que nossos retornos nesse ponto em particular serão de US $12.

Procedimento

Nas partidas de dígitos, espera-se que você preveja do número 0 - 9, o número que será o último dígito decimal após o quinto tick. Uma vez que sua previsão esteja correta, você receberá 10 vezes sua aposta.

Nós entendemos como isso já funciona. Você vai inserir sua participação, sua previsão e clicar em Jogos de dígitos de compra.

Agora olhe para aquela mesa lá em cima novamente. Lá em cima, há "RETORNOS" como uma coluna. Como expliquei, é o nosso lucro. COMO?

Como eu disse, estaremos prevendo o último dígito do quinto tique-taque. Isso significa que teremos uma probabilidade de 1/10 (porque temos dez números de 0 a 9) e, como tal, isso parece muito difícil. Não estou dizendo que lhe darei uma mágica de saber qual será o último dígito corretamente. Mas, eu estarei lhe dando uma estratégia que garantirá que você sempre será um vencedor, mesmo que você não tenha previsto corretamente várias vezes. Tudo o que estamos a seguir é que prevemos apenas uma vez em cerca de 25 tentativas. Isto significa que se nós prevermos erroneamente por 16 vezes e pela 17ª predição, nós prevemos corretamente, nós teremos lucro. O que eu estou equipando você é o que é chamado de risco perfeitamente calculado. A única tarefa com a qual você está sombreado é escolher um número entre 0 e 9. Qualquer outra coisa será resolvida.

O número secreto

Você sabe muito bem que temos que escolher um número de 0 a 9 como nossa previsão de que esperamos ser o último dígito após o quinto tique. OK! Agora, deixe-me dar-lhe o número secreto e a estratégia secreta. Os números são 0, 1, 2, 3, 4, 5, 6, 7, 8 e 9. Os dez deles, é claro. Como você pode ver, todos eles têm probabilidades iguais. Mas às vezes eu geralmente prefiro números maiores. (5, 6, 7, 8 ou 9) com motivos inexplicáveis. Além disso, quando vou para esses números maiores, às vezes prefiro um número par entre eles (6 ou 8).

Pelo contrário, se você não tem um insight sobre qualquer número e você quer realmente associar o seu número de escolha a algo, então isso pode fazer muito sentido para você. Veja este instantâneo abaixo

Clique em Last Digit Stats conforme indicado na seta BLUE. Isso significa estatísticas. Se você clicar nele, ele trará um gráfico de pizza que representará a frequência de aparecimento de cada número de 0 a 9 para os tiques definidos que você escolheu. Você pode decidir plotá-lo nos últimos 100, 200, 300 carrapatos anteriores. Isso lhe dará uma ideia de quantas vezes cada número apareceu para os últimos ticks. Escolha para os últimos 100 ticks, se você deve usar as estatísticas, porque dá informações recentes. Note que o número com a maior porcentagem é o número que apareceu mais nos últimos 100 ticks.

NOTA:

O número que escolhemos não é de forma alguma nossa estratégia. A estratégia está na fórmula tabulada. E note que, QUALQUER NÚMERO QUE VOCÊ ESCOLHE, VOCÊ NÃO DEVE MUDÁ-LO ATÉ QUE VOCÊ GANHA. Depois de ter ganho, você pode decidir usar outro número.

Você deve começar tudo de novo desde o começo, uma vez que você vencer. (1ª tentativa para cima)

Por exemplo, se você escolher 8. Em sua primeira tentativa, ela não foi exibida (você perde $ 1); 2º julgamento, não mostrou (você perde mais $ 1, ganhando $ 2); até o 7º julgamento (você perde outros US $ 1, totalizando US $ 7) e, se no oitavo teste, você ganhar, ganhará US $ 10. Isso menos o custo acumulado de US $ 8 deixará você com US $ 2 de lucro.

O ponto aqui é que você não deve mudar o 8 (sua previsão) até que você tenha vencido. Se você ousar mudar isso, você perderá seu dinheiro. Depois de fazer o seu hit, você pode optar por alterá-lo ou decidir continuar com ele. Mas, nunca mude nada quando um jogo ainda estiver em andamento sem ganhar ainda. Uma vez que você não o altere, estou muito confiante de que você vencerá antes do seu 23º julgamento. Não importa o quão ruim. E lembre-se, não importa onde você faz o seu hit, você tem certeza de obter retorno. Basta seguir a fórmula tabulada e deixar que seja o seu guia.

Outra nota de aviso é que ESSA ESTRATÉGIA SÓ PODE SER USADA UMA VEZ EM 3 MESES. Se você usar este mês e tentar testá-lo no próximo mês, não vai funcionar. Isso pode ser devido ao fato de que o corretor observa nossos negócios e, uma vez que eles notam sua sequência de ganhos, eles mudarão o algoritmo dos números. Nós não queremos jogar em suas mãos.

Regras da Estratégia

- Abra a conta virtual e a conta real.
- Use a conta virtual para tentar sua mão com esta estratégia.
- Por favor, certifique-se de praticar com sua conta virtual e construir sua confiança muito bem antes de ir para a conta Real.
- Assim que estiver pronto para tomar as apostas, defina todos os seus parâmetros conforme as instruções
- Decida-se sobre o número que deseja usar

- Uma vez que você começar, nunca mude seu número, não importa quanto tempo demore para ser atingido; se você fizer isso, você perderá.
- Não seja hipertenso se você não for atingido. Pode acontecer no 24º julgamento ou até mais.
- Você não deve relaxar no meio das apostas. Uma vez que o resultado é para o primeiro julgamento, alimente o segundo julgamento imediatamente e assim por diante, até que você faça o seu hit. Isso garante que você não torne suas avaliações independentes, mas dependentes umas das outras. Isso acelera o seu golpe.
- Com base em nossa estratégia, espera-se que você faça apenas 5 hits por dia. Isso pode ser alcançado em 15 a 20 minutos.
- Com 5 acessos por dia, uma média de US $20 / dia é certa. Isso dá US $100 / semana. Isso lhe dá meta de US $400 / mês.
- Não seja ganancioso. Se você optar por ser, você está convidando problemas.
- Uma vez que os cinco hits foram feitos para o dia, saia e calcule seu lucro para o dia.
- Se todos estes forem estritamente aderentes, os seus $ 400 são 100% garantidos no mês com esta estratégia.

CAPÍTULO CINCO

Conclusão

Deixe-me dizer, com razão, que os princípios ensinados em Touch / No Touch podem ser usados para negociar Up / Down (Rise / Fall). Às vezes, a negociação Não toque pode ser muito arriscada; nesse caso, aplique a estratégia para negociar o aumento / queda.

Cumpra todas as instruções deste book e você ficará surpreso com o que seu mundo vai ser. Não seja ganancioso e nunca seja pessimista. Além disso, não seja preguiçoso. Eu acredito que este ebook é auto-explicativo. Leia atentamente e esteja na internet para praticar tudo o que foi ensinado nele. Com este guia, acredito que você pode começar com sua conta virtual dentro de 12 horas de leitura deste guia.

Convido você a experimentar as estratégias de Trend Trading de meu amigo, elaboradas em seu livro [Opções Binárias: Etapas por Etapas Guia para Ganhar Dinheiro com a Negociação de Opções Binárias.](#)

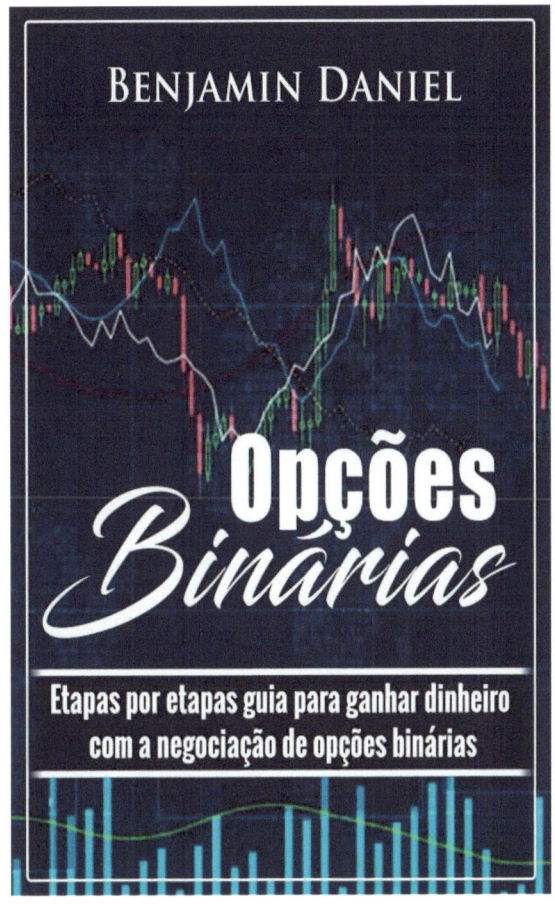

Ele discutiu em detalhes sobre a Trend - como conhecer a tendência tanto manualmente quanto usando indicadores e como você pode trocar a retração de qualquer tendência em Opções Binárias. As estratégias descritas aqui também podem ser usadas para negociar índices de volatilidade para UP / Down (aumento / queda) e toque / sem toque. É um livro muito bom que irá ajudá-lo muito.

****

Obrigado pela leitura! Se você gostou deste livro ou achou útil, eu ficaria muito grato se você publicasse uma pequena resenha no site de onde você comprou este book. Seu apoio realmente faz a diferença e eu leio todos os comentários pessoalmente para que eu possa obter seu feedback e tornar este livro ainda melhor.

"Obrigado novamente por seu apoio!"

www.ingramcontent.com/pod-product-compliance
Lightning Source LLC
Chambersburg PA
CBHW040407220526
45473CB00004B/1156